AUX CHAMPIONS DU DROIT ET DE LA JUSTICE.

# LE POLONISME LATIN

# LE PANSLAVISME MOSKOVITE

ET

# L'EUROPE.

La question polonaise est la question première,
la question la plus importante.

TALLEYRAND, Congrès de Vienne.

## J.-M. B.

CLERMONT-F<sup>D</sup>     PARIS

F<sup>d</sup> THIBAUD, IMPR.-LIBR.    CH. BLERIOT, LIBRAIRE

Rue St-Genès, 8-10.     Quai des Grands-Augnstins, 55.

1863.

AUX CHAMPIONS DU DROIT ET DE LA JUSTICE.

# LE POLONISME LATIN

## LE PANSLAVISME MOSKOVITE

ET

## L'EUROPE.

> La question polonaise est la question première,
> la question la plus importante.
>
> TALLEYRAND, Congrès de Vienne.

J.-M. B.

CLERMONT-Fᴰ

Fᵈ THIBAUD, IMPR.-LIBR.
Rue St-Genès, 8-10.

PARIS

CH. BLÉRIOT, LIBRAIRE
Quai des Grands-Augustins, 55.

1863.

C.

# LE POLONISME LATIN

## LE PANSLAVISME MOSKOVITE

ET

## L'EUROPE.

Depuis 1772, soit indifférence, lassitude ou faiblesse, tous les gouvernements ne se sont inquiétés que fort peu du sort de la Pologne. Cependant la chute de cette glorieuse patrie des Kopernik, des Sobieski, des Thade Reyten, des Kosciuszko, des Mickiewicz, des Lelewel n'est pas un fait isolé, un accident vulgaire sans conséquence ni portée ; au contraire, le partage de la Pologne se rattache essentiellement à un système politique dont il est le vrai point de départ et la condition ; système qui, dans tous les cas, revêt un caractère de menace permanente pour l'Europe. Se laissant aller à cette confiance aveugle qui perdit autrefois la Pologne, les souverains dédaignent de s'en préoccuper, ou n'osent aborder franchement la question. C'est pourtant une question de vie ou de mort, car les destinées de l'Europe sont intimément liées à celles de la Pologne. Voilà justement pourquoi la cause de ce malheureux pays a l'immense avantage de rallier à elle toutes les opinions et toutes les sympathies, les sentiments généreux des cœurs se rencontrant ici à côté des intérêts. Rappeler ensuite en faveur de la Pologne les immenses services qu'elle a rendus, redire la mission protectrice que lui a confiée la Providence, invoquer le lien de solidarité qui unit les peuples entre eux, et réclamer pour elle l'application du grand principe des nationalités, dont quelques puissances se prétendent les champions dévoués, et que, hier encore, on interprétait d'une manière plus ou moins heureuse au profit de je ne sais quel autocrate, certes ce serait chose opportune et juste. Mais les diplomates et les hommes d'Etat, qui décident en dernier ressort sur les graves questions du droit national, savent parfaitement à quoi s'en tenir, et, en face des drames sanglants dont les peuples sont les victimes et les héros, ils continuent néanmoins avec la plus désespérante placidité la comédie de leurs éternelles négociations.

# PREMIÈRE PARTIE.

## I.

Le xviiie siècle fut témoin d'une grande infamie, laquelle, aux yeux de tout observateur attentif, apparaît comme la cause première des calamités sans nombre qui ont depuis lors désolé l'Europe. La conscience publique fut en effet profondément troublée au spectacle de ce brigandage éhonté que l'on appelle partage de la Pologne. Trois souverains héréditaires, protecteurs naturels des nationalités, dépositaires des principes immuables du droit et de la justice, et à qui la Providence avait confié la destinée des Etats, trois souverains, vrais révolutionnaires, en prenant ce mot dans son acception odieuse, se concertèrent entr'eux pour assassiner une nation et partager ses dépouilles, après l'avoir attirée dans un lâche guet-apens.

Par une étrange et remarquable coïncidence, le crime se consomma juste au moment où les esprits fermentaient dans l'attente du nouvel ordre qui allait bientôt régir le monde, au moment où les classes méprisées, asservies, allaient en Occident monter au rang qui leur revient, au moment où les droits des individus et des sociétés allaient être solennellement reconnus, en un mot, lorsque les grands principes des temps modernes étaient à la veille du triomphe. Quelle cruelle et fatale contradiction ! Aussi le sens moral européen en reçut une rude atteinte ; les peuples et les gouvernements vinrent s'instruire à cette école d'iniquité : le char de l'arbitraire, du fanatisme et de l'anarchie a depuis lors largement poursuivi sa carrière.

Au point de vue de la morale publique, tel a été le

premier résultat du partage de la Pologne. Il a ouvert la porte à tous les excès ; il sanctionne et il excuse, pour ainsi dire, tous les débordements, toutes les usurpations : le monde ébranlé jusque dans ses fondements menace ruine de tous les côtés à la fois.

## II.

Dans l'ordre politique, le partage de la Pologne eut un double résultat non moins funeste. Il détruisit le juste et véritable équilibre européen fondé sur le droit, et le remplaça par la sauvage glorification du crime heureux, et je ne sais quelle fausse harmonie d'intérêts rapaces dont les traités de Vienne furent la continuation et la consécration sacriléges. En outre, il appela la Mosvovie à prendre rang parmi les puissances européennes, et à côté des plus grandes.

Jusque-là petit État asiatique, la Moskovie apparut soudain en Europe comme un géant formidable. Héritière du patrimoine des Tamerlan et des Ghengis-Khan, elle se dressa comme le génie de la destruction et de la barbarie ; puis, planant par-dessus les Ourals, elle contempla son œuvre, et songea comment elle pourrait asservir le monde. Un de ses plus grands princes, le vrai fondateur de sa puissance, lui avait déjà tracé la voie, dans ce fameux testament politique, qui sert de boussole à la Moskovie, au milieu des écueils de son ambition.

Pierre I<sup>er</sup>, en effet, symbolise et personnifie le génie moskovite. Ambitieux sans impatience, perfide et cruel, mais profond, indomptable et persévérant comme un barbare, corrompu comme un civilisé, large et prévoyant dans ses vues, sûr et calculé dans sa marche, sachant diviser ses ennemis pour les affaiblir, affectant les dehors sauvages de la force pour mieux cacher sa faiblesse, le plus souvent vaincu, mais sachant prévenir les suites d'un échec à force d'astuce et d'effronterie, de mauvaise foi dans les traités, habile à faire tourner à son profit la défaite comme la victoire, se servant de l'une pour surprendre l'autre, et obliger la fortune rebelle à se fixer enfin sur lui : tel fut Pierre I<sup>er</sup>, telle est la Moskovie.

### III.

L'Europe n'a qu'à se bien tenir ; car depuis 1772, tous les événements ont justifié les prévisions de ce grand homme. La Moskovie poursuit évidemment le rêve de la domination universelle. Entendez-la pousser son cri de guerre !

La solution du redoutable problème appartient à la Pologne, à la Pologne qui, par un dévouement sublime, met sans cesse sa poitrine ensanglantée entre l'Orient schismatique et l'Occident protestant, afin de sauver le catholicisme, et avec lui la liberté du monde et l'avenir des peuples.

L'Europe, il est vrai, se tranquillise en voyant l'état actuel des affaires de la Moskovie, en contemplant ses embarras intérieurs, ses tiraillements, l'attitude menaçante de ses serfs, l'organisation impossible de sa société, despotisme sauvage et monstrueux ; elle se tranquillise surtout en voyant l'héroïque Pologne qui ne veut ni mourir ni se soumettre, car elle a la conscience de ses droits imprescriptibles, et qui ressuscite, pour ainsi dire, avec ses morts. Les hommes d'État se réjouissent alors. Oubliant les symptômes, moins apparents peut-être, que présagent chez eux l'anarchie et les révolutions, ils disent en confiance : « Là, il n'y a que bouleversement et ruines éparses ; rien de stable donc rien de redoutable. » Triple illusion ; car , quoi d'étonnant à cela ? La Moskovie n'est-elle pas l'incarnation du mal, l'idole de l'anarchie, mais d'une anarchie savamment organisée et dont le Czar est grand-prêtre ? D'ailleurs, pour qui sait voir, la Moskovie n'est qu'un vaste campement de hordes impatientes d'entreprendre leur dernière migration ; elles ont un instant reposé leurs tentes, mais elles commencent déjà à les replier, et la Pologne qui seule retient encore le flot, la Pologne doit donner le signal du départ, ou arrêter pour jamais l'invasion, en la refoulant vers sa source.

Cette situation ressort clairement de la condition du peuple moskovite, qui ne s'appartient pas , et ne possède point la terre. Elle résulte en outre de l'organisation donnée au système militaire par l'empereur Nicolas, organisation qui mérite une attention spéciale, parce qu'elle place la Moskovie, vis-à-vis de l'Europe, dans une position politique et militaire tout à fait exceptionnelle, par sa profondeur et ses vues larges, quoique vaguement dessinées.

## IV.

Jusqu'en 1853, tout serf, devenu soldat, servait l'espace de vingt-cinq années, après quoi il devenait libre en quittant les drapeaux ; mais, déjà vieux, épuisé par les fatigues, et le plus souvent infirme, il devenait en même temps une charge pour l'Etat. L'empereur Nicolas conçut alors l'idée de réduire la durée du service à douze ans, mais avec cette combinaison que, sorti des rangs de l'armée au bout de ce laps de temps, le soldat fait partie d'une réserve pendant un nombre d'années égal au complément des vingt-cinq ans. En outre, il effectua cette opération sans abaisser l'effectif de l'armée active, entretenu d'ailleurs avec soin par un renouvellement plus fréquent des levées, qui fait la base du système des réserves. Or, les charges de ce nouvel état de choses retombent en majeure partie sur la noblesse qui y prêta volontiers les mains ; car, en Moskovie, les hommes (serfs) constituent toute la richesse, et les boyards possèdent plus de la moitié des paysans, le reste appartenant à la couronne. Nous ne parlons pas ici d'une population mixte et soi-disant libre sous la protection du gouvernement, population formée des soldats sortis de la réserve, dont le nombre s'accroît sans cesse et s'élève à un chiffre d'environ douze millions d'individus mâles.

Ainsi, sans avoir augmenté les dépenses de son budget d'une manière notable, le gouvernement moskovite a su doubler ses moyens d'action. A un moment donné, il peut, soit dans des vues personnelles, soit pour neutraliser les suites d'une guerre longue et malheureuse, soit pour déjouer les calculs stratégiques d'un ennemi victorieux et le vaincre à son tour, il peut, en un clin d'œil et sans faire appel à une levée en masse, mettre sur pied une armée formidable de vieux soldats aguerris, bien exercés et parfaitement équipés ; car, dans chaque chef-lieu de province se trouvent des dépôts d'approvisionnements destinés à l'équipe et à l'entretien des réserves.

Sans parler des conséquences sociales de cette mesure, le système des réserves, organisé de la sorte, donne aux czars un élément de puissance que ne possèdent pas les autres Etats, et qui leur permet d'employer un argument solide et décisif à l'appui d'une politique qui déchaîne les orages.

## V.

Chose étrange, en effet, et que l'on ne remarque pas assez, c'est que la tempête est pour ainsi dire l'élément et le ministre de la Moskovie; elle ne souffle si fort que pour mieux soulever ses ondes et les jeter au loin sur d'autres rivages. Depuis cent ans et plus, l'histoire se fatigue à enregistrer les rapides accroissements de cette masse, qui se meut en aveugle, attirant à elle tous les corps politiques plus faibles, et les obligeant à graviter dans son orbite. Mais à côté de cet immense progrès matériel, et parallèlement à lui, se déroule un effroyable tableau de révolutions de palais, de révoltes, de guerres serviles, de conspirations, de massacres, de crimes de toutes sortes, si ce n'est toutefois la guerre étrangère qui ne cesse de rugir à ses confins. Et cependant la Moskovie marche toujours en avant, emportée par cette idée fixe de domination universelle qui fait à la fois sa force et sa faiblesse. Qui peut d'ailleurs sonder les abîmes de sa politique ténébreuse? Pour cacher l'incendie qui la dévore, elle attise les flammes du fanatisme révolutionnaire; et pour mieux frapper la liberté et les nationalités, elle se drape dans son libéralisme à la Catherine II et à l'Alexandre. Non, Nicolas n'est point mort; l'ombre de ce despote erre toujours sous les voûtes de la basilique de Sainte-Sophie. Le Czar lui-même obéit à une volonté plus forte que la sienne; il n'est que l'esclave de cette destinée à laquelle il se croit fatalement appelé, et dont l'orgueilleuse devise est celle-ci : *Un seul maître, un seul troupeau de serviteurs.*

## VI.

Pour bien comprendre la relation qui existe entre les

destinées de la Pologne et celles de l'Europe, il faut d'abord jeter un coup d'œil sur les principaux événements qui se sont succédés en Europe depuis le partage, afin de montrer la part directe et l'influence morale que la Moskovie a eues dans chacun d'eux. A vrai dire, l'histoire de notre siècle peut se résumer ainsi : antagonisme et lutte entre les principes de droit, de liberté, de nationalité, et les principes de force brutale et de despotisme aidés de l'anarchie : l'avantage, disons-le hautement, est resté presque toujours aux derniers.

L'acte de 1772 ne fut pas à proprement parler un partage, mais bien l'exploitation du faible par le fort, le triomphe temporaire et brutal du nombre. La Moskovie, le Brandebourg et l'Autriche occupèrent militairement la Pologne sans déclaration de guerre ni résistance possible, et, comme trois pirates réunis à la poursuite d'une importante capture, ils s'adjugèrent sans vergogne les portions de butin qui étaient le plus à leur convenance. Mais ce qu'il y eut surtout de curieux dans cet événement, ce furent les moyens employés pour justifier ce vandalisme : après avoir essayé de faire valoir de prétendus droits sur lesquels ils ne comptaient guère, et dont l'*ultima ratio* se trouvait dans leurs canons et leurs soldats, les envahisseurs proclamèrent à grand bruit qu'ils venaient uniquement pour défendre la Pologne contre ses propres fureurs, et que, dépositaires des vrais principes de l'ordre et de la morale, ils voulaient, par un désintéressement à jamais méritoire, la sauver de l'anarchie et de la ruine. C'est pourquoi ils lui apportaient la conquête et la domination étrangère; c'est pourquoi ils lui garantissaient l'intégrité de sa constitution en se faisant les respectueux gardiens d'un *liberum veto* qui retenait la Pologne dans l'anarchie, et la retardait dans les voies du progrès et des réformes radicales, seules capables de la sauver. Aussi n'était-ce que le premier pas, et l'œuvre si bien commencée reçut son couronnement en 1794.

Alors, il ne fut pas seulement question de sauver la Pologne, mais bien le monde entier menacé d'une ruine complète par cette même Pologne anarchique et rouge, dont les projets subversifs ne tendaient à rien moins qu'à une résurrection prochaine. Elle ne bougeait pas encore, c'est vrai; mais sa tranquillité n'en était-elle pas d'autant plus redoutable? Eh! voyez-la d'ailleurs qui se soulève, alors que, perdant toute pudeur, ses bienfaisants voisins achèvent de l'envahir et de partager les derniers lambeaux de son territoire, toujours en vue de son plus grand bonheur. Ingrate Pologne! Et les oppresseurs de crier à l'injustice, à la trahison, au sacrilége révolutionnaire, et d'avertir l'Europe de bien prendre garde à elle, puisque l'incendie qui consume la France vient d'éclater peut-être plus terrible encore dans la Pologne. Pourtant 1793 repousse avec raison cet héroïque pays : il l'accuse de *modérantisme*, et ne trouve rien dans le développement de son insurrection qui se rattache aux principes terroristes des Robespierre. Mais qu'est-ce que cela fait? Et faut-il donc y regarder de si près?

## VII.

Chose remarquable et d'un haut enseignement, à chaque convulsion de la victime, nous entendons répéter cette lâche calomnie de rouge, de révolutionnaire, infligée à la Pologne comme une flétrissure, et invoquée par les bourreaux comme l'excuse et la raison de leur conduite atroce. La Moskovie travailla d'ailleurs toute l'Europe contre la Pologne, acquérant par flatterie ou par corruption les organes dominants de la presse, créant une opinion factice, une publicité trompeuse qui voilait la vérité, et mêlait aux moyens de ruse une fascination de terreur. C'est ainsi que la Pologne a été successivement taxée de jacobinisme, de saint-simonisme, de communisme, de socialisme, que sais-je enfin ? Aujourd'hui elle est mazzinienne ; elle songe à bouleverser le monde, alors que, prosternée sous la main de l'Éternel, elle pleure le martyre de ses prêtres, de ses femmes, de ses enfants, de ses vieillards ; alors qu'elle proteste, par la mort, de son existence et de ses droits, et que, jusque sous la lance des Kosaks, elle trouve encore des prières et un pardon pour ses bourreaux. O sublime révolutionnaire qui nous convie à un tel spectacle, spectacle grandiose, inouï, comme jamais œil humain n'en contempla auparavant. Anarchique ! Mazzinienne ! accusation puérile renouvelée à temps égaux et calculés, lorsque l'opprimée soulève ses fers pour revendiquer ses droits, et châtier le grand coupable qui tremble devant la vengeance. Mais, quoique ridicule et fausse, cette accusation n'a jamais manqué de produire l'effet désiré. Le monde monarchique et même libéral, les hommes d'Etat et les diplomates qui ne demandent pas mieux que de se laisser effrayer par le fantôme révolutionnaire, affectent l'indignation, lèvent les mains au ciel, détournent pieusement les yeux loin de la victime, respirent plus à l'aise dans le secret de leur conscience timorée, et rejettent avec une joie mal dissimulée leur grand sabre dans le fourreau.

Aujourd'hui même, écoutez donc les clabaudages du parti soi-disant modéré et conservateur, lequel se cramponne au passé comme un naufragé aux débris flottants de son navire. Ce parti, celui de la richesse, de la bourse, de la banque, du lucre, veut que l'on opère avec méthode et conciliation. Il trouve que la Pologne a mauvaise grâce de résister si obstinément à ses assassins. Eh, oui! N'y a-t-il donc pas d'arrangement possible, de combinaison lumineuse capable de tout accorder sans troubler la paix du monde? C'est pourquoi, par l'organe de ses journaux, il avertit sérieusement la Pologne que si elle ne renonce bien vite à ses idées exaltées, et ne rompt tout pacte avec Mazzini (on veut absolument qu'il y ait pacte), il l'abandonnera à son malheureux sort. Quelles hautes et sages prétentions! Les conservateurs ont-ils jamais rendu le moindre service à la cause de la liberté et des nationalités? Et comment osent-ils prétendre imposer leurs vues étroites, leurs systèmes surannés à un pays qu'ils ont jusqu'ici courageusement abandonné avec la plus admirable constance? Les abus les plus révoltants de la force réussissent à peine à les émouvoir. Ils protestent sans doute de leurs sympathies, de leur dévouement; mais, alors que des mesures énergiques, des résolutions suprêmes seraient nécessaires, ils se bornent à prêcher l'ordre, la patience, la modération. Qu'importe que le faible soit écrasé, que le fer et la flamme se promènent à travers un pays, pour n'y laisser que ruines fumantes et cadavres défigurés! Qu'importe que la victime périsse dans les tortures, pourvu que rien ne vienne troubler leur douce quiétude! N'ont-ils pas assez d'entendre les clameurs lointaines d'une soldatesque effrénée? Et ces cris d'agonie, ces râles de la mort que le vent apporte sans cesse? Non! il faut encore, il faut que le silence sinistre du néant se fasse par là.....

Ce parti, c'est le parti de l'égoïsme et de la lâcheté,

lequel ne peut conserver tout au plus que ses illusions
et ses préjugés, se faire l'apôtre des abus existants,
traiter le progrès de bouleversement et de révolution,
et tout cela par amour de l'ordre. Et pourtant le pro-
tecteur-né du bouleversement et de l'anarchie, n'est-
ce pas le Czar, dont le chef-d'œuvre est le partage de
la Pologne? Qu'y a donc gagné l'Europe? que sont devenus les gouvernements qui délaissèrent la Pologne?
que deviendront ceux qui ne redouteront pas de la
laisser périr? Et d'abord à qui profita son partage?

## VIII.

Le partage de la Pologne ne profita ni à la Prusse ni à
l'Autriche, car ces puissances perdirent moralement et
politiquement bien plus qu'elles ne gagnèrent en étendue.

La monarchie prussienne baissa aussitôt dans l'opinion de l'Allemagne libérale, qui s'était plue à la considérer comme le champion de ses libertés, et comme un
contre-poids salutaire au césarisme autrichien. Ensuite
l'annexion des provinces polonaises devait l'empêcher
de devenir une nation, et n'en faire qu'une monarchie
militaire. Aujourd'hui déshonorée, éperdue, saisie de
vertige, reniée par l'Allemagne, elle doit disparaître
avec sa raison d'être, avec ces temps de paix universelle où les différends des peuples se videront par les
armes pacifiques du droit et de la justice, et où dispa-
raîtront enfin ces armées immenses, vrais chancres de
nos sociétés modernes. Lieutenant du Czar et pour-
voyeur du bourreau, le roi de Prusse a signé son abdi-
cation, proclamé la déchéance de sa dynastie. Il a perdu
son dernier prestige; car, aux yeux des peuples, il ne
représente désormais qu'un vil instrument de despotisme et d'anarchie.

De son côté, l'Autriche n'a guère mieux réussi dans ses combinaisons. Au lieu d'ajouter à sa force, la réunion de la Galicie, ou royaume de toutes les Russies dès 1246, et plus tard celle de la République de Krakovie, ne firent qu'ajouter un élément de dissolution à ceux qu'elle renfermait déjà. Par là, elle compliqua gravement sa condition intérieure, et sa politique n'en devint que plus cauteleuse et timide. Tombée dans le vasselage de la Moskovie, en contact immédiat avec cette redoutable puissance, elle sentit la pression du colosse qui pèse sur elle; entraînée ensuite par l'exemple et l'influence de ce terrible voisinage, elle devait en venir aux massacres de 1846, brigandage organisé pour l'éternelle honte du gouvernement qui le provoqua. Liée si fatalement au régime des czars, l'Autriche s'est vue plus tard obligée d'implorer leur secours contre ses sujets, de les appeler chez elle pour régler des différends de famille; et, alors qu'elle voit ses propres intérêts compromis et menacés par les tendances bien manifestes du cabinet de Saint-Pétersbourg, elle ne sait prendre une résolution énergique et franche, elle tergiverse et elle discute les remèdes. Néanmoins les temps sont proches pour elle; c'est aujourd'hui que se décide son avenir : il dépend surtout du rôle qu'elle jouera dans la question polonaise. Par son attitude honorable quoiqu'encore mal dessinée, elle peut se montrer à l'Allemagne sous une face toute nouvelle. Par les sacrifices qu'elle saurait s'imposer à temps, et nous ne disons sacrifices que parce qu'elle aurait le seul mérite de prévenir les nécessités, par ses sacrifices, elle grandira dans l'opinion libérale; elle gagnera en force morale, se raffermira sur ses bases chancelantes, et ralliera autour de l'aigle à double tête les nationaux allemands. En cessant de retenir des éléments hétérogènes qu'elle ne pourra jamais s'assimiler, elle deviendra naturellement le centre de ce travail intérieur qui tend à unifier l'Allemagne et à la nationaliser. Qui sait si les archiducs ne reconstitueraient pas à leur profit le vieil empire allemand, devenu constitutionnel et fédéral? Mais laissons là des hypothèses qui pourraient paraître téméraires.

## IX.

Tout en assumant sur eux la redoutable complicité d'un attentat qui les enchaînait comme des vaincus au char triomphateur des czars, ni le Brandebourg ni l'Autriche ne profitèrent en réalité du partage de la Pologne. La Moskovie au contraire recueillit tous les bénéfices de cet assassinat d'un grand peuple, moins peut-être parce qu'elle s'agrandissait territorialement et d'une manière formidable, mais parce que seule elle avait préparé et prévu cette éventualité longtemps à l'avance. Elle récolta tous les fruits d'une politique perfide et cruelle, mais grandiose dans sa profondeur sauvage, son atroce énergie, ses résultats gigantesques quoique lointains et cachés sous le voile mystérieux de l'avenir.

Pour elle, en effet, le partage de la Pologne ne fut pas seulement une question d'agrandissement; il inaugura encore et surtout son avénement à la vie politique de l'Occident, parce qu'il était la condition *sine quâ non* de sa puissance et de sa prépondérance en Europe. En outre, il fut l'exécution première d'un plan savamment combiné, et qui doit, par des envahissements successifs, la conduire jusqu'à Constantinople, où son rêve de domination universelle prendra une ... tance significative par la consécration de l'unité slave so s sa suprématie.

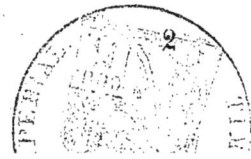

Ainsi, affaiblissant chacune des puissances occidentales de tout ce qu'elle gagnait en force et en étendue, la Moskovie détruisit l'équilibre européen pour ne laisser à sa place que le trouble et l'inquiétude. C'est pourquoi elle exerça dès l'abord une immense influence qui la rendit arbitre des destinées de l'Europe, et la fit maîtresse des événements.

## X.

De 1772 date la grandeur réelle de la Moskovie, qui devint à la fois une puissance et un symbole, et qui, dès lors, ne cessa de grandir, malgré tous les obstacles et à cause même de ces obstacles. Adversaire de l'immortelle révolution de 1789, elle entreprit la lutte contre les grands principes que la France venait de proclamer, se fit l'âme de toutes les coalitions conjurées contre elle, s'attacha à Napoléon pour le tromper sans cesse, profiter de ses fautes, le vaincre par surprise et trahison, et recueillir en fin de compte les fruits de vingt-cinq années de guerre. La Sainte-Alliance formée en vue d'asservir les peuples, la Sainte-Alliance, qui humilia la France et sacrifia la Pologne, inaugura une ère de despotisme progressif, de représailles sanglantes, de tiraillements intestins et de malaise général qui devait aboutir à 1830.

L'Europe se trouvait alors dans un état de prostration et de faiblesse favorable aux entreprises audacieuses. Déjà les masses moskovites s'ébranlaient de toutes parts pour aller étouffer de par le monde la liberté et la révolution ; l'ordre de marcher en avant leur avait été donné, et Dieu sait où elles auraient reposé leurs tentes, lorsque l'avant-garde de l'invasion, formée des fils de la Pologne, se retourna contre le corps d'armée et commença cette lutte homérique dont tous les héros ne dorment pas encore du dernier sommeil. Pour venir à bout de l'insurrection nationale polonaise, il ne fallut rien moins que l'indécision fatale des chefs, la trahison et l'abandon total de l'Europe. En effet, le général Kniaziewicz et le comte Plater éprouvaient à Paris un refus formel; le marquis Wielopolski ne pouvait même obtenir à Londres une audience du ministre. A Stockolm, M. Wodzynski, sur la réquisition de la Moskovie menaçante, était invité à quitter la Suède, et M. Jelski ne pouvait voir le prince Metternich à Vienne. Seul le général Guillemot, alors à Constantinople, promettait d'agir auprès de la Porte en faveur de la Pologne; mais Louis-Philippe rappela aussitôt cet ambassadeur. Plus tard, et surtout après la funeste journée du 15 août 1831, M. de Metternich, effrayé par le fantôme révolutionnaire qui semblait se lever en Pologne, reconnut la nécessité de s'entremettre; mais il hésitait à prendre l'initiative, et, quand il se décida à parler à l'ambassadeur moskovite, comte Tatistchew, la Pologne était abattue.

C'est pourquoi l'issue de cette guerre patriotique, entreprise par la Pologne pour sauver l'Europe, fut l'occasion d'un nouveau triomphe pour le despotisme oriental. L'affreuse victoire qu'il remporta fut une insulte et un défi jetés à la face des gouvernements d'alors lâchement prosternés devant le dieu de la force brutale, dont le prestige s'accrut d'autant. Les peuples s'affaissèrent de nouveau dans leur assoupissement, les souverains tombèrent dans l'inertie. Le Czar seul poursuivit ses projets avec une infatigable persévérance; mais 1848 sonna un instant le réveil.

Partie de Paris, l'étincelle électrique courut soudain d'un bout du monde à l'autre : le gouvernement de

Juillet venait de s'écrouler. Malheureusement l'or moscovite et les excès du fanatisme vinrent dénaturer le mouvement populaire. La république éphémère que des nains avaient élevée en France eut aussitôt besoin de tutelle ; la dictature se montra tout proche et toute prête. A Berlin et à Vienne, où les idées libérales triomphèrent un moment, on revint bien vite aux vieux errements. Le grand-duché de Posen et la Galicie, qui avaient proclamé l'indépendance nationale et essayé en vain une lutte impossible, le grand-duché de Posen et la Galicie déposaient aussitôt les armes. La Hongrie cependant était victorieuse ; elle avait chassé l'Autrichien, mais l'intervention des armées du Czar et la trahison de Gorgey la firent rentrer de nouveau sous la loi de l'Autriche, après une lutte glorieuse où les légions polonaises jouèrent le rôle principal.

La Moskovie aurait certainement vu sans peine la Hongrie se détacher de l'Autriche ; mais l'élément polonais avait pris dans cette guerre un développement considérable, et pouvait donner lieu ainsi à la formation d'une armée nationale qui aurait transporté le théâtre de la guerre en Pologne. Et la Moskovie intervint alors, à la honte de l'Autriche, dont la faiblesse se montrait une fois de plus. Les czars apparaissaient d'ailleurs comme les champions déclarés du despotisme, les ennemis du principe des nationalités, car les contradictions que l'on peut remarquer chez eux ne sont qu'apparentes et illusoires.

## XI.

En 1848, la Moskovie, entourée d'une auréole de gloire et regardée par les souverains comme la représentation unique de l'ordre, était parvenue à l'apogée

de sa puissance, puissance factice, il est vrai, et toute
d'opinion, mais ayant néanmoins une sorte de réalité,
parce que cette croyance européenne lui donnait un
fondement moral. Aussi, enivrée par une longue suite
de prospérités et de triomphes, elle crut pouvoir dominer la situation ; et, tandis qu'elle entretenait soi-
gneusement la jalousie des deux grandes puissances
occidentales, qu'elle flattait les rois pour mieux endor-
mir leur vigilance, elle se mit à poursuivre en Turquie
le cours d'une politique qui lui a tant rapporté, qui
doit, tôt ou tard, la conduire à Constantinople et lui
assurer l'empire sur l'Asie.

Depuis soixante ans, le cabinet de Saint-Pétersbourg
a su conquérir sur la Porte Ottomane un ascendant
irrésistible, qu'il exerce d'une manière plus dange-
reuse encore par la paix que par la guerre ; car il marche constamment du même pas à un vaste système de
conquêtes, et sait tirer également parti des circonstan-
ces les plus difficiles et les plus opposées. La Moskovie
avait déjà largement exploité la question des Principautés danubiennes, sur lesquelles elle avait établi
son protectorat par une marche lente et sûre. En effet,
le traité de Kainardji (1774) lui reconnut d'abord
un droit d'intervention exclusive dans les affaires de
Turquie ; celui d'Ackerman (1826), un droit de représentation ; celui d'Andrinople (1829), un droit d'occupation temporaire et de haute surveillance dans les
Principautés ; le règlement organique de 1834, un droit
de protectorat ; enfin le sened de Balta-Liman, en 1849,
un droit d'occupation éventuelle.

Pour être vrai cependant, il faut dire que l'Europe
contribua puissamment à ces résultats funestes, et ne
favorisa que trop les entreprises des Czars en Turquie.

La diplomatie, et l'on peut en dire presque autant de l'opinion publique, la diplomatie a toujours eu une confiance sans bornes, une bonne volonté extrême à l'égard des hautes combinaisons philanthropiques et soi-disant libérales de la Moskovie, qui en a profité pour s'arrondir convenablement et préparer au monde les voies de sa félicité future dans le sein du Moskovisme panslaviste et universel. Ainsi l'influence que les cabinets étrangers exercèrent sur les décisions du divan détermina plusieurs des avantages considérables que les Czars ont obtenus dans leurs traités avec la Porte. En 1812, par exemple, afin de pouvoir opposer une armée de plus à la France, et tandis que la Moskovie ne songeait qu'à obtenir la libre disposition du corps qu'elle occupait sur le Danube, l'Angleterre détermina la Porte à signer la paix de Bucharest, sans s'inquiéter que la Turquie perdait la Bessarabie et que le Czar parvenait aux bouches du Danube. Quelle faute cependant! De même ce fut grâce à l'intervention active de la diplomatie, grâce à la pression des ambassadeurs anglais et français, bien plus qu'aux succès de Diebitsch, que le Divan signa la paix d'Andrinople, qui lui enlevait l'ombre même de pouvoir en Valachie et en Moldavie ; à ce point qu'il en proposa la cession complète aux Moskovites.

D'un autre côté, par une politique habile et traditionnelle, le cabinet de Saint-Pétersbourg a toujours eu soin de se ménager par l'interprétation la possibilité de déchirer ou de violer, à son gré et selon ses convenances, les traités les plus authentiques et les plus solennels. Or, de même que pour la Pologne, il a constamment tenu cette ligne de conduite vis-à-vis l'empire turk, qu'il a d'ailleurs jeté dans un tel état d'affaiblis-

sement, que cet empire se trouve en quelque sorte à
sa merci. C'est pourquoi, encouragé par le souvenir des
services que lui a rendus la diplomatie, plein de confiance dans son étoile, et fidèle à sa mission, il s'ima-
gina que l'Europe sacrifierait avec la même facilité, en
1855, quelques droits du sultan, au désir de conserver
la paix. En cela il était conséquent. La France et l'Angleterre n'avaient-elles pas combattu la Turquie, tantôt
par les armes comme à Navarin et en Morée, tantôt par
les négociations, comme à Constantinople et à Alexan-
drie? Et l'opinion européenne, égarée par les artifices
des agents moskovites, passionnée par tout ce qui semblait toucher aux libertés religieuses, saisie d'enthousiasme et d'engouement pour les fils dégénérés des Pé-
riclès et des Léonidas, l'Europe n'avait-elle pas pro-
digué des secours de toutes sortes à la Grèce et prêté à
sa cause l'appui moral de son ascendant? Mais l'opinion s'était modifiée, et l'Angleterre était devenue plus
attentive à la position que la Moskovie prenait en Asie.

## XII.

L'incroyable ambassade du prince Menschikow, qui
vint sommer brutalement la Porte de reconnaître les
prétendus droits de protection du Czar sur tous les sujets chrétiens de l'empire turc, cette ambassade frappa
l'Europe d'étonnement. On ignorait encore qu'elle devait être appuyée par deux divisions de l'armée moskovite, qui, embarquées à Nicolaïew, se seraient empa-
rées de Constantinople avant même que l'on apprît la
nouvelle de leur embarcation. L'audace de l'entreprise,
la grandeur et l'imprévu foudroyant du résultat, la
violation ouverte de toutes les lois admises en politique
pour régler les rapports des puissances entre elles,

n'auraient pas laissé à la diplomatie stupéfaite le temps
de se recueillir et d'entreprendre une campagne de sa-
vante polémique. Le monde bouleversé et muet de surprise se serait vainement agité avant de prendre une
résolution et de se reconnaître. Et la Moskovie comptait bien d'ailleurs invoquer ensuite le principe du *fait
accompli*. La précipitation de l'insolent Menschikow,
qui en fut pour son école diplomatique, empêcha fort
heureusement le succès de cette combinaison. Le siége
de Silistrie, l'occupation des Principautés, et l'attitude
extraordinaire de la Moskovie, achevèrent de donner
l'éveil aux puissances occidentales.

Chose étrange cependant, la diplomatie ne trouva
d'abord rien de mieux que d'engager le Divan à céder,
au moins en partie, aux exigences du Czar; mais la
Porte résista courageusement.

Les velléités de sollicitude que montraient les cabinets étrangers donnèrent à réfléchir à la Moskovie. Elle
proposa alors de retirer ses troupes, mais en deman-
dant des compensations *légitimes*, entre autres le dis-
trict et la forteresse d'Achaltzick en Asie. Or, cette possession lui aurait permis de dominer tout le pays, de
descendre vers le golfe Persique avec l'Euphrate et le
Tigre, ou bien d'aller par le versant opposé à la mer
Noire et à la Méditerranée. Cette acquisition importante lui aurait en outre ouvert la Syrie et l'Asie-Mineure, et, grâce à une armée massée en Géorgie, aurait
facilité ses relations avec les contrées environnantes,
lorsque déjà elle se trouve dans une position telle que,
si l'empire turk vient à s'écrouler, elle recueillera les
meilleures de ses dépouilles en Asie.

La Moskovie a eu soin de développer en effet tous ses
moyens comme puissance asiatique, et elle n'a guère

besoin des encouragements que lui prodiguent dans ce sens quelques publicistes occidentaux. Son système prohibitif commercial repose sur la simple combinaison de créer en Europe des manufactures destinées à alimenter les marchés de l'Asie, et cette tendance administrative, qui a déjà porté ses fruits, doit nécessairement entraîner le mouvement militaire. En outre, la supériorité que la Moskovie a su acquérir en Orient, grâce à ses conquêtes, à son influence et à l'habileté de ses marchands-diplomates qui, sous le prétexte commercial d'échanger les produits de l'Europe contre les richesses de l'Asie, observent les contrées qu'ils traversent, en lèvent les plans, s'y font des créatures et y établissent des comptoirs, posant ainsi un à un tous les jalons d'une domination future ; cette supériorité est si grande, qu'elle lui assure dans un avenir plus ou moins rapproché *la possession des Indes*, dont la route directe lui sera ouverte entre la mer Noire et la mer Caspienne par l'Arménie et l'Asie-Mineure.

## XIII.

La valeur de ces considérations n'avait pu échapper entièrement à la clairvoyance du cabinet britannique, et la Turquie, qui venait de répondre à l'agression moskovite par une déclaration de guerre, la Turquie se vit soutenue par la France et l'Angleterre ; mais en se décidant à agir, ces deux puissances le firent avec timidité, dans des vues étroites et mesquines.

La guerre de Crimée, que l'on a fort justement nommée une guerre de sécurité, fut un non-sens politique, une simple manœuvre diplomatique. Les alliés se contentèrent de ruiner Sébastopol, rebâti aujourd'hui, parce que l'Angleterre avait un intérêt particulier à détruire le seul port militaire de la Moskovie dans la mer Noire. Ils craignaient d'aborder la Pologne, qui est cependant l'unique champ de bataille où l'on puisse vaincre le czarisme, la Pologne qui tient dans ses mains l'avenir de l'Europe, et qui doit donner à la question d'Orient la seule solution convenable aux intérêts de l'humanité, de la liberté, de la civilisation. Aussi l'opinion publique persistait à croire que l'on finirait par aller là, et la Moskovie tremblante renforçait les garnisons des villes polonaises, ce qui opérait une diversion favorable aux armes des alliés.

D'un autre côté, l'Autriche s'informait auprès des cabinets des Tuileries et de Saint-James du véritable but de la guerre, se montrant prête à joindre ses troupes à celles des alliés dans le cas où il se serait agi du rétablissement de la Pologne. Et Oscar de Suède refusait son concours dans une guerre qui n'avait pas pour objet la patrie des Dombrowski et des Joseph Poniatowski. La France aurait été disposée à y transporter le théâtre de la guerre, et elle fit même des ouvertures à ce sujet; mais l'Angleterre s'y opposa sous prétexte que le moment n'était pas venu, que l'opinion publique n'était pas préparée à cette grave éventualité, que les alliés n'étaient pas en force; et l'on suspendit aussitôt un commencement d'organisation de légions polonaises, et l'on traita en prisonniers de guerre et en ennemis les soldats polonais de l'armée moskovite arrivés volontairement dans le camp des alliés. L'ambassadeur anglais répondait aux justes réclamations du général Zamoyski : « Que son gouvernement ne voulait pas débaucher les sujets de l'empereur de Russie. » On revint ensuite à de meilleures dispositions, on forma même un deuxième corps de Kosaks ottomans avec les volontaires polonais accourus de toutes parts; mais il n'était plus temps.

Aussi les résultats de la guerre de Crimée ont-ils été nuls. La Moskovie a été vaincue sans doute, mais sans perte, et par trop de précipitation. Confiante dans ses forces, elle compta sur son étoile plus qu'elle ne devait; mais elle dut se rassurer bien vite en voyant que la haute sagesse des puissances ne trouvait rien de mieux que de l'empêcher d'entrer à Constantinople, et cela sans prendre plus de précautions, et sans assurer les moyens de prévenir un retour inévitable de l'offensive. La tentative téméraire de la Moskovie a pris par là tous les caractères d'un essai. Elle a voulu, elle aussi, préparer l'opinion publique et habituer l'Europe à la voir dominer de Constantinople dans la mer Noire et dans la Méditerranée. Plus tard, le percement de l'isthme de Suez la conduira dans l'Océan indien.

## XIV.

Si la guerre de Crimée n'a pas affaibli la puissance moskovite en Europe, le traité de Tien-Tsin, que le cabinet de Saint-Pétersbourg a conclu en 1859 avec le Céleste-Empire, montre suffisamment que l'humiliation momentanée de ses armes n'a pu porter la moindre atteinte à son influence de plus en plus prépondérante en Asie.

Tandis que la France et l'Angleterre combattaient pour ouvrir la Chine au commerce et à la civilisation de l'Europe, le cabinet de Saint-Pétersbourg, poursuivant un système politique des plus fructueux, saisissait le moment de leurs victoires pour menacer l'empire chinois, et lui arracher la cession de tout le littoral de la Mandchourie et de la Chine sur la mer Jaune, avec une vaste étendue de pays qui, jusque-là, n'avait appartenu à personne. Et quelle magnifique acquisition ! Une longueur de côtes de plus de dix milles géographiques dont toute la partie méridionale, située près de la Corée, est profondément découpée par une multitude de golfes et de baies qui présentent une suite admirable de ports plus beaux les uns que les autres ; et autour de ces ports un pays couvert de forêts vierges, dans lesquelles on trouve des chênes de trois mètres de diamètre. Quel avenir grandiose, cette riche nature, ces bois centenaires à côté de ces ports magnifiques, ne présagent-ils pas à l'heureux gouvernement qui a su s'en ménager la possession ! La Moskovie en comprend toute l'importance. C'est pourquoi elle a baptisé du nom de golfe de Pierre-le-Grand ce labyrinthe de baies, d'îles et de presqu'îles. Son meilleur port dans ces parages s'appelle Hladiwoskow, c'est-à-dire, le dominateur de l'Orient. Et, en effet, c'est là le berceau de sa prépondérance maritime ; c'est là, après la conquête des Indes, le couronnement de sa domination en Asie, l'arsenal de ses flottes sur l'océan Pacifique, et le siége de son empire sur cette mer immense qui n'est fermée ni par les canons du Sund ni par ceux des colonnes d'Hercule ou des Dardanelles. (Voir la *Patrie*.)

# DEUXIÈME PARTIE.

~~~~~~~~~~~~~

## I.

Après avoir montré la politique du cabinet de Saint-Pétersbourg, son attitude menaçante, ses projets gigantesques et mal dissimulés, nous allons considérer maintenant son influence et son action sous un autre point de vue, d'une importance capitale. La question se présente sous deux faces, l'une sociale, l'autre religieuse; celle-ci la plus grave et la plus délicate. Le long martyre de la Pologne sous le régime des czars, les derniers événements d'Italie, et le drame sanglant qui s'accomplit à cette heure dans le Nord, en sont les faits les plus saillants.

Il n'entre pas dans les bornes étroites de notre petit travail de faire l'historique de la guerre de l'indépendance italienne; nous nous bornerons à dire un mot de la part morale de la Moskovie, et des avantages qu'elle peut retirer d'un principe nouveau, inventé par les patriotes avancés de chaque pays, principe qui trompe par des apparences judicieuses, qui a un certain caractère de grandeur, mais qui peut aussi dénaturer les meilleures intentions, égarer et conduire à des abîmes.

## II.

Notre époque observe avec surprise la marche d'un phénomène singulier, qui agite l'Europe entière et tend à la transformer. Illuminés par des doctrines sociales un peu hasardées, quelques hommes pleins d'imagination ont résolu de tenter l'œuvre de la paix universelle dans le sein de l'humanisme, sans toutefois porter atteinte à la grandeur de leur nationalité. C'est

dans ce but qu'ils enseignent aux peuples la théorie de
l'unité sociale et politique. Produit d'une exaltation
généreuse mais inconsidérée, ce beau rêve, réminis-
cence de l'âge d'or, ne peut être que l'œuvre du temps,
de la spontanéité générale, de l'accord unanime et pacifique, de la supériorité morale et intellectuelle, de la
pureté des mœurs, de la perfection évangélique en
un mot, les armes et la violence n'ayant rien à y voir.
Or, ces tentatives sont au moins prématurées; car le
monde est loin d'être préparé à de si hautes destinées,
et la doctrine unitaire ne saurait être exploitée qu'au
profit de quelques ambitions privées, et dans des vues
fort peu philanthropiques : aujourd'hui elle ne peut que
conduire à la centralisation administrative et bureau-
cratique, à la dictature et au césarisme. Le patriotisme,
derrière lequel se cachent les prétentions odieuses de
la force, devient ainsi l'occasion d'une impardonnable
tyrannie exercée sur le faible, et revêtue du masque
hypocrite de la communion fraternelle et de l'émancipation morale.

Cette étrange situation a pour effet de développer des
ferments de haine, de discorde et d'anarchie, de susciter
le fanatisme social, de jeter le trouble et l'inquiétude
dans le sein des sociétés, la défiance entre les divers
Etats pour les opposer les uns aux autres, les paralyser,
les arrêter enfin dans la voie du progrès, en les pla-
çant sous le coup d'un ombrage mutuel. Or, tout cela
favorise merveilleusement les projets de la Moskovie,
tandis que les tendances à l'unité de race lui promet-
tent la réalisation prochaine du panslavisme moskovite, en lui donnant le droit et les moyens de revendiquer tous les éléments slaves disséminés autour de ses
frontières. Il en résulte qu'elle doit développer partout

et toujours cet esprit d'unité, comme aussi encourager les entreprises audacieuses dont il peut devenir le prétexte. Voyons ce qui s'est passé en Italie.

### III.

La marche des événements en Italie ( 1859-1860 ) présente trois phases, l'une de grandeur et de gloire, l'autre d'anarchie et de bouleversement, la troisième a un caractère anti-religieux. Nous ne dirons rien de la première phase, qui est la guerre d'indépendance entreprise contre l'étranger avec le concours glorieux de la France. Mais la France ne tarda pas à voir la pente sur laquelle on voulait l'entraîner. Menacée d'un débordement par les projets exaltés des énergumènes, elle sentit trembler le sol, et pour ne pas se lancer dans les aventures, elle se retira prudemment et avec honneur.

Abandonnée dès lors à elle-même, l'Italie entra dans cette phase déplorable de convulsions, qui ont engendré chez elle la guerre civile et l'anarchie, avec leur cortége accoutumé. Saisie de vertige, emportée par un tourbillon délirant, elle n'a pas encore vu le calme rentrer dans son sein fiévreux ; elle a versé le plus pur de son sang au profit d'un seul, et préparé par son affaiblissement le lien qui doit l'enchaîner.

Le cabinet de Saint-Pétersbourg se réjouissait vivement au spectacle de tant de troubles, auxquels il n'est certainement pas demeuré étranger. Attachant le plus grand intérêt à prendre position dans la Méditerranée ( et les puissances occidentales doivent sentir la nécessité de se prémunir contre ses envahissements ), il avait exploité déjà la déplorable politique du gouvernement piémontais, et s'était fait livrer par Charles-Albert le port de Villa-Franca. Placée là comme en observation, là Moskovie pouvait surveiller et diriger invisiblement les affaires, attendre le moment de tirer parti de la situation, et provoquer ensuite une de ces lâches concessions que les révolutions injustes sont toujours disposées à faire pour se soutenir.

## IV.

On ne peut nier que l'attitude de la Moskovie n'ait été au moins équivoque dans les affaires d'Italie. Les deux genoux appuyés sur la gorge de la Pologne et l'étendard du despotisme dans la main, elle donnait pourtant à la France, qui est la représentation du principe des nationalités, l'appui moral de ses sympathies officielles. Il est vrai que la France marchait contre l'Autriche, à qui la Moskovie ne pardonnera jamais son influence décisive dans les affaires de Crimée ; et, en outre, la lutte s'engageait entre deux puissances que la Moskovie prétend ruiner l'une par l'autre. D'un autre côté, l'Angleterre équipait et armait ses flottes; sans vouloir se prononcer ouvertement, elle se contentait de tenir l'expectative non sans manifester quelque dépit. Cette situation, exploitée par d'adroites manœuvres, par des insinuations perfides mais habiles, ne pouvait-elle pas conduire à une nouvelle coalition contre la France? De la sorte, l'alliance anglo-française, cette alliance si politique, si prévoyante et surtout si préjudiciable aux projets d'envahissements de la Moskovie, aurait été rompue une fois encore, et il aurait fallu peu de chose, d'autant mieux qu'une guerre entre les deux nations ne serait que trop populaire chez l'une comme chez l'autre.

Ces éventualités, toutefois, ne devaient occuper qu'une place secondaire dans la pensée politique du Czar. Un intérêt bien plus puissant encore poussait la

Moskovie à brouiller les affaires, à compliquer la situation, à prolonger indéfiniment des troubles qui menaçaient de prendre une tournure sinistre pour le monde. Du fond de la question italienne, dont la guerre avec l'Autriche était devenue un simple épisode, avait surgi un incident terrible, gros de tempêtes, et que l'on ne peut envisager sans frémir. Il ne nous appartient pas de juger si le gouvernement temporel des papes pouvait avoir donné prise à la critique, à de vives et justes réclamations de la part des sujets, s'il n'exigeait pas des réformes promptes et radicales ; les excitations venues du dehors permettent de croire à une certaine exagération dans les détracteurs de l'autorité temporelle du Saint-Siége, sans compter les rapports favorables de M. de Rayneval, de lord Normanby, qui ont bien sans doute quelque valeur ; et d'ailleurs, à quel gouvernement n'aurait-on pas de reproches à faire ? Ce qu'il y a de sûr, c'est que le pouvoir temporel n'était qu'un prétexte destiné à cacher un but plus haut, d'autres desseins plus redoutables, et dont les funestes conséquences auraient puissamment contribué à aplanir les voies de la domination universelle pour la Moskovie. La sagesse de Napoléon III a su retarder les catastrophes.

## v.

Depuis quelque temps, l'impiété systématique et intolérante, l'esprit voltairien et sceptique, les théories subversives les plus dangereuses, les doctrines perverses du socialisme et du communisme, ont fait d'immenses progrès au sein des masses aveuglées, dont ils remuent les passions mauvaises, et excitent les désirs injustes. Or, l'Italie était le lieu de rendez-vous de leurs apôtres les plus ardents et les plus fanatiques. Des nuages me-

naçants s'amoncelaient de toutes parts, et l'orage gron-
dait déjà au-dessus du vieux trône de saint Pierre. S'il
n'a pas éclaté dans toute sa fureur, il ne faut pas le re-
procher à la Moskovie. Ses agents ont activement encouragé cette ligue formidable formée contre le catholicisme, qui brûle d'en finir avec lui, sans voir qu'elle ne
fait que continuer la politique de Saint-Pétersbourg,
travailler à la ruine de l'édifice européen, à la chute
de tous les cultes, et à l'avénement de l'intolérance
religieuse dans la personne du Czar-Pontife.

En effet, les principes du gouvernement moskovite
n'admettent pas la division de l'autorité. Bien décidés
à ne reculer devant aucun moyen, les czars veulent
réaliser la triple unité religieuse, politique et nationale,
grâce à une centralisation despotique et violente. Or, le
catholicisme, dont la Pologne est le missionnaire comme
elle est le chevalier de la civilisation, le catholicisme,
soutien de la nationalité polonaise, et essence de cette
âme dont parlent les poètes nationaux, le catholicisme
est un obstacle insurmontable à l'absolutisme moskovite; car, partout où il y a un seul prêtre, un seul catholique, l'autorité impériale cesse d'être absolue. La
Moskovie est donc naturellement l'adversaire implaca-
cable du Saint-Siége, l'ennemi-né du catholicisme dont
le Pape est la représentation la plus haute et la plus
pure. D'ailleurs, cet antagonisme, commandé par les
vues politiques de la Moskovie, date de fort loin : les
czars s'opposèrent de toutes leurs forces aux progrès
de l'union entre les Eglises latine et grecque, union
préparée, réalisée et cimentée par la Pologne, et dont
l'acte fut signé à Brzesc en 1595 par les évêques
Ruthènes, dont la liturgie nationale fut reconnue. En
même temps qu'elle servait les intérêts de l'Eglise, la

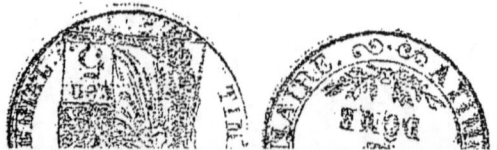

Pologne se créait par là une ligne de démarcation formidable. Le principe de la tolérance religieuse, posé
au concile de Florence, pratiqué par elle seule, lui
donna en peu de temps les peuples Ruthènes et Ar-
méniens, devenus Polonais en recevant le baptême.
C'est pourquoi les motifs religieux encore plus que les
motifs politiques poussèrent la Moskovie à s'emparer
de la Pologne; c'est pourquoi elle poursuit contre elle
un système sauvage de persécutions, afin de l'obliger
à apostasier, et d'anéantir ainsi sa nationalité.

### VI.

Pierre Ier commença déjà à exciter des troubles religieux en Pologne, mais il ne réussit guère. Cependant
l'influence des Jésuites et la malheureuse affaire de
Thorn (16 juillet 1724), qui débuta par une querelle
d'écoliers, permirent à la Prusse et à la Moskovie de
se proclamer les protecteurs des dissidents Polonais.
Tels furent les premiers symptômes de la lutte entre
le polonisme latin et le panslavisme schismatique. Catherine II suivit la même politique de ses devanciers :
professant le culte officiel *de la tolérance et de la phi-
losophie*, elle ne put souffrir qu'un Polonais fût op-
primé par un autre, et, par intérêt pour les dissidents
(*inter nos dissidentes*, expression par laquelle les Polonais désignaient simplement des divergences en ma-
tière religieuse et politique), elle vint au secours de la
liberté religieuse qui n'était pas opprimée.

Tandis qu'elle met le doute dans la pensée européenne, et dépose ainsi un germe de dissolution dans
l'Occident, tandis qu'elle détracte la Pologne pour la
perdre dans l'opinion publique en exploitant la grande
passion du xviiie siècle pour la liberté religieuse, Cathe-

rine, qui vient de dépouiller les monastères de leurs biens, Catherine II lance son peuple dans une guerre de religion à laquelle le fanatisme donne un caractère effroyable. C'est absolument comme aujourd'hui. Tout d'ailleurs semble se conjurer contre la Pologne, le ciel comme la terre. La douce et scrupuleuse Marie-Thérèse aime beaucoup les pauvres Polonais; et, afin d'en soustraire le plus possible au Minotaure moskovite, elle s'informe auprès du Saint-Siége si elle peut agir sans blesser la religion ; le Pape écrit : « que l'in-
» vasion et le partage sont non-seulement politiques ,
» mais dans l'intérêt de la religion ; que les Moskovites
» *se multiplieraient d'une manière prodigieuse* en
» Pologne ; qu'ils y introduiraient insensiblement la
» religion schismatique, et que, pour l'avantage spiri-
» tuel de l'Eglise, il est nécessaire que la cour de
» Vienne étende sa domination en Pologne aussi loin
» que possible. » Quelle prévoyance! Il est vrai qu'après le partage de 1793, le pape Clément XIV proteste énergiquement, et fait insérer dans le bréviaire de l'Eglise universelle une prière en faveur de la nationalité du peuple polonais.

**VII.**

Aussitôt après le partage, et malgré les engagements de la Moskovie envers l'Église catholique des deux rites, commence le long drame de l'oppression religieuse dont l'œuvre satanique se poursuit aujourd'hui plus activement que jamais. Dès 1792, un conseil schismatique tenu à Saint-Pétersbourg afin d'aviser aux moyens de ramener les Grecs unis de la Pologne au schisme oriental, envoie dans les palatinats de Kiow et de Braclaw, dans les diocèses de Luck, de Wladimir et de Chelm, dans les villes de Minsk et de Polock, des missionnaires

schismatiques traînant après eux des bandes de soldats.
Toutes les violences leur sont permises, et la pieuse
propagande se poursuit avec le fer et la flamme. On
ferme d'abord le couvent des Basiliens ; on chasse les
curés s'ils refusent d'apostasier, on les jette en prison
s'ils résistent ; on ordonne enfin aux évêques et aux mé-
tropolitains d'abandonner leurs diocèses, de telle sorte
qu'en moins de cinq années, l'Église unie perd 9,300 paroisses, 150 couvents et plus de huit millions de fidèles.

En attendant, l'habile Catherine II respecte la fortune du clergé latin, flatte ses prêtres, attire les jésuites
et obtient du Pape l'autorisation de fonder en Ruthénie blanche un diocèse latin, où elle installe un ambitieux destiné à servir les desseins politiques les plus
audacieux. Le nouveau métropolitain contribue en
effet à faire casser l'archevêque uni ; et, par une manœuvre diabolique, tandis que l'on force les Uniates à
abjurer leur foi, l'intrigant Siestrzencewicz travaille à
les convertir au rite latin, malgré les défenses réité-
rées du Pape. Ainsi, provocatrice de la persécution religieuse dirigée contre les Uniates, la Moskovie en
laisse tout l'odieux au catholicisme dans la personne
de l'évêque de Ruthénie blanche, si bien que les Grecs
unis devaient naturellement se jeter dans le sein du
schisme, en haine du ministre catholique.

Sous Alexandre I<sup>er</sup>, en 1801, on institue une com-
mission devenue plus tard le collége catholique romain,
surveillée par un commissaire schismatique et bientôt
tombée dans la dépendance du ministre des cultes.
Le but de cette création était d'enlever toute liberté au
rite latin, en bouleversant sa hiérarchie et en dénatu-
rant ses tendances et ses principes. Les schismatiques
et les protestants remplirent ce collége, qui empiéta

sur les droits des évêques, remplaça le suprême pasteur, et donna à l'autorité laïque l'occasion de s'immiscer dans les rapports les plus délicats et les plus intimes de chaque diocèse. (Voir M. Roux-Ferrand.)

Mais c'est surtout pendant le règne de Nicolas que les coups les plus terribles sont portés au catholicisme. L'ukase de 1826 interdit aux marchands la vente des livres à l'usage des fidèles du rite uni ; celui de 1828 bouleverse les institutions ecclésiastiques et temporelles ; il détruit la hiérarchie et la discipline, détache les diocèses du collége catholique de Saint-Pétersbourg, et en institue un autre composé de prélats unis et d'employés moskovites, ce qui est une introduction au saint-synode. En 1831, on ferme trois cents couvents latins ; et, à partir de 1832, après la victoire du despotisme, après le blâme fatal de l'insurrection polonaise, que Nicolas arrache au Pape par la menace d'une proscription en masse des évêques catholiques, à partir de 1832, se déroule un tableau tellement sinistre de la propagande moskovite, qu'il rappelle les temps les plus mauvais de la persécution romaine. On supprime l'ordre des Basiliens, on ferme ses séminaires ; le collége catholique est réuni au saint-synode. Le fer, la flamme, les tortures, l'exil en Sibérie et dans les mines, rien n'est oublié contre les prêtres et les fidèles. Les églises sont profanées ; et, pour convertir plus vite, on massacre des paisibles populations à Witebsk, à Jeziorkowice, à Starosiel (1835).

L'œuvre infernale fut accomplie si rapidement qu'en 1838, 800 paroisses sur 1369 étaient livrées au schisme en Lithuanie et en Ruthénie blanche, et que l'on jugea le moment venu de supprimer complétement l'Eglise unie, dont il ne dut plus être question. Tous les curés

du diocèse de Mohilew refusèrent de signer l'acte d'a-
postasie : plus de 170 périrent dans les tortures ; et la
pensée frémit au seul souvenir des atroces vengeances
qui furent exercées. Trois mois après la mort du vénérable métropolitain Bulhak fut publié le décret par lequel l'Eglise *orthodoxe* se félicitait du retour des
Uniates dans son sein. Pour donner une faible idée du
drame horrible qui dut alors s'accomplir, nous nous
contenterons de reproduire ces deux phrases de M. Roux-
Ferrand, phrases si éloquentes dans leur effroyable
simplicité : « D'après le rapport statistique présenté à
» l'empereur en 1834, l'Eglise unie comptait encore
» 2348 ecclésiastiques, l'union avec le schisme a été
» signée seulement par 1305, et on sait que depuis ce
» moment il n'était plus permis à personne d'apparte-
» nir à l'union. Que sont devenus les prêtres qui n'ont
» pas apposé leurs noms sur cet acte néfaste ! Qu'a-
» t-on fait des 1044 ecclésiastiques qui restèrent fi-
» dèles à leur foi ?.... »

## VIII.

Lorsque Grégoire XVI connut enfin l'affreuse vérité,
il prononça le 12 juillet 1842 une allocution mémora-
ble, dans laquelle il proclame le Czar ennemi de l'E-
glise et de la civilisation. Cet acte de courage frappa
celui-ci comme d'un coup de foudre ; mais, afin d'en
atténuer le retentissement et les suites, il consentit à
signer le concordat du 3 août 1847 qui donnait sa-
tisfaction à quelques griefs insignifiants du Saint-Siége.
Hâtons-nous de dire qu'il resta lettre-morte, ne fut pas
même imprimé et ne servit qu'à abuser l'opinion publique. Il fallait, comme l'écrit le R. P. Lescœur, que
les Moskovites pussent dire à l'Occident : « Qu'il n'y

» aurait plus de persécutions religieuses en Pologne,
» que la liberté de conscience y régnait toute entière,
» que l'empereur était en un mot dans les meilleurs
» rapports avec le Pape. »

Ainsi le concordat de 1847 n'améliora en rien le sort
des Polonais ; mais tant de malheurs et de déceptions,
mais les épreuves les plus cruelles et les plus longues,
loin d'abattre la Pologne, n'ont fait que la retremper.
Au grand étonnement des peuples, son nom ne fut pas
même mentionné au Congrès de Paris (1856). Quelques
articles, il est vrai, mais destinés à rester secrets, témoi-
gnèrent encore d'un reste de sympathie de la part du
cabinet des Tuileries. On y parlait d'amnistie générale,
de liberté de conscience, du rétablissement des Uni-
versités et de la langue nationale dans l'administration
et les écoles. Marques impuissantes d'un intérêt sté-
rile ! Les persécutions n'en continuèrent pas moins au
nom d'Alexandre II, et, dans son voyage à Varsovie
(mai 1856), celui-ci avertissait les Polonais que ce que
son père Nicolas avait fait était bien fait, et qu'ils eussent à renoncer une bonne fois à leurs éternelles rêve-
ries. Aujourd'hui, la Moskovie égorge en détail la Pologne, se moque ouvertement de la France, de l'Angleterre et de l'Autriche, et défie l'Europe d'oser venir
l'attaquer dans son repaire. Cela durera-t-il longtemps
encore ?

## IX.

Ainsi abandonné de tous, la Pologne ne compta plus
que sur elle-même et sur la Religion ; un changement
salutaire s'était opéré déjà dans les idées des patriotes,
et elle marcha à la délivrance par les voies du progrès
moral et d'un travail intérieur des plus remarquables.
Ses députés font retentir les chambres prussiennes de

leurs éloquentes réclamations ; M. Niegolewski dévoile
au monde les odieuses menées de la police, qui cherche à renouveler dans le duché de Posen les scènes à
jamais exécrables de la Galicie. Les propriétaires de
Witebsk, Kamieniec-Podolski, Kiow, présentent à
l'empereur Alexandre des adresses, dans lesquelles ils
réclament la liberté de la religion catholique, le rétablissement de l'université de Kiow, et celui de la langue
nationale dans l'administration et les écoles. Etouffée
de toutes les manières, la vie polonaise se réfugiait
dans le courage moral, la préparation au sacrifice, le
sentiment du devoir et de la dignité humaine. C'est
pourquoi la Moskovie, le Brandebourg et l'Autriche,
effrayés par les symptômes d'un réveil universel, et
voulant assurer leur domination sur la Pologne, se
donnèrent rendez-vous à Varsovie afin d'aviser aux
moyens d'y parvenir. Quelle cruelle bravade ! l'outrage
après les tortures ! Mais la Pologne a relevé le gant, et
proteste à sa manière dans ces manifestations pacifiques
et légales qui frappent l'oppresseur d'étonnement et
d'impuissance, et qui donnent lieu à des scènes étran-
ges, grandioses, indescriptibles, dont les annales hu-
maines n'offrent point d'autre exemple.

## X.

Nous sommes au 25 février 1861 : c'est le jour an-
niversaire de la bataille de Grochow. Une foule immense et recueillie se déroule lentement le long des rues
de Varsovie ; elle vient de rendre aux morts le culte
du passé. Une vaste plaine, couverte de neige, s'ouvre
devant elle, et voilà soudain qu'elle s'arrête. Ecoutez !
...... Quelle est cette rumeur sourde, cet appel écla-
tant et prolongé ? Une grande plainte, un cri d'horreur

traverse l'espace, puis un hymne solennel et touchant s'élève vers le ciel. Oh! qu'est-ce donc?... Le signal a été donné, et la main de Muchanow s'agite encore. Maintenant le vautour moskovite célèbre la messe du Czar, le sacrifice de tout un peuple sur l'autel du despotisme et de la barbarie. En avant sont des poitrines d'hommes sur lesquelles le fer trace de profonds sillons ; là, prient des vieillards, des enfants, des femmes, des prêtres inoffensifs à genoux sur la terre humide de leur sang. Les lances plongent à travers ce flot humain : les cadavres sont couchés sur la neige rougie, et le sauvage coursier de l'Ukraine nage au milieu d'un fleuve de sang, mais la vague qui le porte n'est pas sortie de ses veines. Les croix, les bannières saintes sont foulées aux pieds, roulées dans la fange et une boue sanglante. Où donc, où donc es-tu, Attila, toi qui reculais encore devant la faiblesse de la femme, toi qui t'inclinais devant la majesté sacerdotale? Mais le Kosak s'élance avec des cris féroces, et se plaint de ne pouvoir suffire à cette boucherie : il s'étonne que son glaive ne puisse éclaircir les rangs des victimes, il se trouble alors, et tourne contre son propre sein le fer meurtrier. Ah ! c'est qu'un peuple tout entier est sorti de la tombe, nouveau Lazare, pour prier et sauver ses bourreaux en les baptisant dans son sang. La foi s'est unie au patriotisme pour sauver la Pologne. Car le catholicisme polonais s'allie à tous les instincts de nationalité et d'indépendance. Non, non, la Pologne ne périra pas!

Salut, salut, ô Pologne! Patrie chérie, salut! Je te revois dans toute la splendeur de ta résurrection, marcher à l'indépendance sur les cadavres du despotisme et de la barbarie. Lumière du dix-neuvième siècle, toi qui éclaires dans leurs progrès les mondes ballottés par l'incertitude, le doute et l'égoïsme, salut! Un malaise général agite le corps social; l'homme a franchi les abîmes et, inquiet, il cherche la vérité obscurcie à plaisir; mais c'est fini : grâce à ton sublime dévouement, tu nous montres le repos et le port. Comme il est fécond ce sang qui coule de tes nombreuses blessures pour la liberté et la religion! Ah! laisse, laisse-nous te contempler sur ces hauteurs incommensurables d'où tu frappes l'univers d'épouvante et d'admiration. Ah! nous sentons quelle est l'âme de ton immortelle vitalité. C'est que tes principes sont le droit, la justice, une sage indépendance; ta haine, c'est l'amour et la miséricorde; ta force, la grandeur morale et le martyre; ton progrès, la perfection évangélique; ta vengeance, le pardon; tes armes, le mépris de la vie, la prière et le sacrifice. A toi d'être toujours le rempart de l'Europe; à toi de régénérer la Moskovie qui a besoin que tu vives. Oh! vous êtes bien heureux, vous tous qui êtes tombés au milieu de la prière sanglante du martyr, pour témoigner de son existence par votre mort. Enveloppés dans le drapeau de la civilisation comme dans un linceul de gloire, reposez en paix, car vous avez assuré aux os de vos ancêtres un sommeil tranquille sur ce sol abreuvé de tant de sang. Née dans les larmes et le malheur, une nouvelle génération grandit déjà au milieu de vos tombes fraîchement ouvertes; mais elle ne verra que l'aurore de la liberté. Salut, salut, ô Pologne! *Malo periculosam libertatem, quàm tranquillum servitium.*

Aujourd'hui que la lutte suprême est engagée entre le polonisme latin et le panslavisme moskovite, que les Constantin et les Wielopolski ont cédé la place aux Berg et aux Mourawiew, les souverains et les peuples se contenteront-ils de rester simples spectateurs? Pour les réveiller, est-il donc nécessaire de rappeler les scènes du 27 février, des 7 et 8 avril, du 16 octobre, et tant d'autres? Faut-il raconter la suppression de la Société agricole, les provocations des agents moscovites, la proclamation de l'état de siége (14 octobre 1862) avec ses conséquences horribles, les persécutions atroces, odieuses, qui vont jusqu'à proscrire le deuil d'un frère, d'un père, d'une mère? Dirons-nous les églises profanées et pillées, les populations paisibles massacrées, les hommes désarmés, les femmes inoffensives lâchement assassinées, les prêtres pendus ou fusillés? Comptez les victimes, si vous le pouvez! Et le martyre du vénérable Bialobrzecki, vieillard de 70 ans, que l'on essaya de déshonorer par la calomnie avant de le condamner à mort? Entendez! Le Czar maintenant vient de pousser le cri de Spartacus, l'appel aux guerres serviles. Ah! toutes ces horreurs dégoûtent! Sont-ce de pareils spectacles que l'histoire devrait enregistrer?

Malheur à nous, pauvres délaissés! Le Czar est l'ennemi du genre humain; mais le catholicisme polonais, qui est le culte de la tolérance religieuse, vient d'être témoin de nouveau de l'alliance entre la religion latine, le judaïsme, les évangélistes, que le schisme oriental poursuit avec un égal acharnement. Toute la nation polonaise a signé à l'unanimité deux pétitions à l'empereur, dans le but de demander l'émancipation des juifs, en même temps qu'une représentation nationale. Depuis lors, la même proscription a enveloppé l'archevêque Félinski, le grand-rabbin, les ministres protestants et évangélistes, ainsi que tout le clergé catholique. C'est la communion du malheur.

Encore une fois, combien de temps l'Europe restera-
t-elle dans l'inaction ? Veut-elle attendre qu'il n'y ait
plus que des ruines fumantes à relever, et des cadavres
à sauver de la voirie ? Qu'elle sache que le tort qu'elle
laisse faire à la Pologne retombera sur elle-même. Oui !
ces ruines sont celles de ses remparts ; ces cadavres
sont ceux de ses défenseurs. Le vieux monde a perdu
la foi, la Pologne en relève l'étendard et le teint de
son sang ; le vieux monde est affaibli, dégradé par les
corruptions et les raffinements de la civilisation ; la Pologne, épurée par le malheur et retrempée par le sacrifice, est jeune, ardente, pleine de foi, de santé,
d'énergie ; elle a profité de tous les progrès, et elle porte
au sublime le sentiment de la dignité humaine : c'est
un martyre et un symbole, c'est le chrétien des Cata-
combes. Supérieure par l'expérience qu'elle doit à ses
épreuves, dans toute la ferveur du patriotisme et de la
religion, dans l'enthousiasme de la jeunesse et du dévouement, la Pologne doit régénérer l'Europe par ses
exemples et ses leçons, lui montrer la voie véritable du
progrès et lui enseigner la pratique des libertés sociales.

Le principe immuable de la justice nous donne l'as-
surance que la Pologne va se relever, et que les satis-
factions légitimes dues à sa nationalité, à ses combats,
à ses malheurs, à sa grandeur matérielle et morale,
lui seront accordées en ce monde, car il n'en est pas
pour les nations comme pour les individus : celles-là
reçoivent nécessairement ici-bas la récompense de leurs
efforts généreux ou le châtiment de leurs crimes. Mais
si, par une contradiction monstrueuse, et par la faute
de l'Europe, la Pologne venait malheureusement à
succomber dans la lutte, alors... Ah ! que les mères
pleurent sur leurs enfants !

Jusqu'à ce jour, la Moskovie n'a été qu'un corps sans
âme ; la Pologne deviendrait cette âme, qui doit lui
donner une telle force, que rien ne saurait plus résister à leur union. La Moskovie n'est encore qu'un Etat
d'une nature étrange et singulièrement constitué ;
l'absorption définitive de la Pologne en ferait une na-

tion, avec le communisme pour état social, car l'organisation actuelle des communes n'est rien autre chose.
Le Czar est le grand propriétaire, le cultivateur n'est
jamais qu'usufruitier ; la terre que celui-ci arrose de
ses sueurs passera demain à un autre, car la terre est
essentiellement mobile en Moskovie. Elle se partage de
nouveau chaque année entre les habitants de la com-
mune, tout père de famille recevant d'ailleurs un lot
variable et proportionné au nombre de ses enfants.
M. Michelet a parfaitement décrit cet état de choses et
démontré ses conséquences. L'Europe doit sentir tout
ce que cette situation a de dangereux pour elle.

Si donc la Pologne s'unit sincèrement à la Moskovie
pour agir de concert, on doit regarder le panslavisme
moskovite comme un fait accompli, la domination universelle comme une question à vider sur les champs de
bataille entre l'Occident et l'Orient, mais avec toutes
les chances de succès pour celui-ci.

Le grand triangle stratégique, dont le sommet est
Varsovie et dont la base s'étend de Saint-Pétersbourg
à Moskou, constitue une position très-forte, à la fois
offensive et défensive. C'est comme un coin dont la tête
est tournée contre l'Allemagne pour s'y enfoncer au
premier choc. Cinq grands corps d'armée sont échelon-
nés dans ce triangle, tandis qu'un sixième a son quar-
tier général à Kiow, la ville sacrée des Russes, bien
fortifiée, située au centre de l'empire et reliée à Zito-
mir et à Kalouga. Un septième corps d'armée occupe
la Bessarabie, la Podolie, Odessa et la Crimée, tandis
que, d'un autre côté, deux grands corps de réserve se
trouvent l'un à Wosnesenk sur le Bug, l'autre à Tchu-
goniew dans le gouvernement de Charkow. Un corps
de cavalerie est d'ailleurs en permanence dans le gouvernement de Woronesch.

Telle était la situation militaire de la Moskovie,
avant que les affaires de Pologne eussent forcé le Czar
à y concentrer des masses de plus en plus nombreuses. Or, l'ensemble de ces dispositions place en
face de l'Europe la presque totalité de l'armée active,

et des établissements nécessaires à la conduite d'une grande guerre. De la sorte, rien ne pourra empêcher la Moskovie polonaise d'agir selon ses vues. Tandis qu'elle s'installe à Constantinople, et donne un roi à la Grèce dans la personne du Czar, qui a su conserver dans ce pays une influence religieuse décisive, elle court s'emparer de la Suède.

En Suède, la population seule des villes est scandinave, tandis que le peuple des campagnes est exclusivement de race finnoise, la même qui s'étend fort loin dans la partie septentrionale de la Moskovie. Cela constitue un danger redoutable pour la Suède ; car cette race, loin d'être hostile à la Moskovie, ne trouve au contraire rien qui lui soit homogène en Suède.

D'un autre côté, la Moskovie soulèvera contre l'Autriche la vieille question Ruthène, qui alors ne pourra être définitivement exploitée qu'au profit de celle-là. La religion Ruthène a, en effet, les rapports les plus étroits avec la religion schismatique grecque par le mariage de ses prêtres, ce qui fait de la population attachée à ce rit une population sympathique à la Moskovie qu'elle regarde comme une sœur en religion, sans parler de la filiation de race. La Moskovie invoque hautement cette fraternité ; ses publicistes ne se gênent guère d'ailleurs pour revendiquer la Galicie comme une province détachée de la mère-patrie. C'est pourquoi ils adjurent leur gouvernement de reprendre au plus tôt ce qui lui revient de droit. Et les Slaves de Hongrie et de Transylvanie ? Et la Bohême, la Silésie, la Moravie ? L'influence de la Moskovie sur les populations slaves, est peut-être, comme le dit fort bien M. de Montalembert, de tous les périls qui menacent l'Autriche, le plus formidable.

On doit comprendre maintenant pourquoi la Moskovie met une persévérance sauvage à vouloir s'assimiler la Pologne, pourquoi elle veut à toutes forces la convertir à ses projets et à sa destinée. Elle invoque les liens de famille qui l'unissent à sa victime, et, en l'étreignant avec une rage sanguinaire, lui prodigue le doux nom de sœur. Et n'a-t-elle pas d'ailleurs la lettre des traités de Vienne, et la *scrupuleuse exécution* de leurs clauses? Sans doute, rien de plus *juste*. Mais c'est là surtout une question de vie ou de mort ; pour elle, la Pologne c'est l'avenir : ruine complète ou domination universelle. Avec la Pologne, la Moskovie est plus qu'une puissance, elle est une *domination*. Il suffira pour le voir, mais ce ne sera plus temps, de la dénombrer après la réunion des Slaves, la prise de Constantinople et la conquête de la Suède :

| | |
|---|---|
| Moskovie et Pologne......... | 66,000,000 d'habitants. |
| Suède..................... | 15,000,000 — |
| Population slave en Autriche.. | 18,000,000 — |
| Population slave en Prusse.... | 3,000,000 — |
| La Moldo-Valachie et la Servie. | 3,000,000 — |
| La Turquie et la Grèce....... | 25,000,000 — |
| Total......... | 130,000,000 d'habitants. |

*Cent trente millions* d'habitants, dont le Czar, à un seul signe de la main, pourra mettre sous les armes toute la portion virile ! Quelle armée ! quelle multitude effrayante ! La terre disparaît sous elle, et l'humanité recule d'effroi.

Que deviendra donc, que deviendra le reste de l'Europe en face de cette avalanche qui se précipitera sur elle des sommets des Krapacks ?

**J.-M. B.**

Sources : MM. Roux-Ferrand, le général comte de Ficquelmont, Salvandy, Ruhlière, Montalembert, L. Chodzko, etc.

Clermont, typ. Ferdinand Thibaud.